KB213016

한문

법화경 사경 1

운주사

머리말

사경은 부처님의 말씀을 옮겨 쓰는 것으로, 기도 수행의 한 방법입니다. 즉 사경은 몸과 마음을 정갈히 가다듬고 부처님 말씀을 한 자 한 자 정성껏 옮겨 쓰는 수행 과정을 통해 불보살님의 가피를 받아 신심과 원력이 증장하고 바라는 소원이 성취되며, 늘 기쁨이 충만한 삶을 살다가 목숨을 마치고는 극락왕생하는 데 그 목적이 있습니다.

부처님의 말씀은 경전을 통하여 우리에게 전해지고 있습니다. 따라서 경전의 말씀은 단순한 글자가 아니라 부처님이 깨달으신 진리를 상징하고 있습니다. 진리 자체는 문자로 나타낼 수 없지만 문자를 떠나서도 진리를 전하기 어렵습니다. 그러므로 경전에 쓰인 문자는 부처님께서 중생들을 진리로 인도하시려는 자비심의 상징이기도 합니다.

사경을 통하여 우리는 부처님의 말씀을 보다 차분하게 깊이 이해할 수 있을 뿐 아니라, 정성을 다하여 사경하는 행위 그 자체가 훌륭한 수행이 된다는 사실을 알아야 합니다. 그래서 옛 수행자들은 자신의 피로 사경을 하기도 하고, 한 글자를 쓸 때마다 삼배의 예를 올리기도 하였던 것입니다.

이와 같이 사경은 부처님 말씀을 이해하고 자신의 마음을 맑히는 훌륭한 수행이자, 스스로의 정성을 부처님께 공양 올리는 거룩한 불사佛事라고 할 수 있습니다.

사경은 일반적으로 다음과 같은 순서로 하면 됩니다. 하지만 진실한 마음이 가장 중요한 것이니, 크게 구애받지 말고 상황에 따라 적절히 실행하면 됩니다.

①몸과 마음을 정갈히 가다듬는다.
②사경할 준비를 하고 초를 켜거나 향을 피운다.
③3배를 올리고 사경 발원문을 봉독한다.
④개인적인 발원을 올린다.
⑤정성껏 사경을 한다.
⑥마칠 때 3배를 올린다.

사경 발원문

참 진리의 고향이시자 중생을 구원하시는 대자대비하신 부처님!
시작 없는 전생에서부터 오늘에 이르기까지 제가 지은 모든 죄업을 부처님 전에 참회하나이다.
제가 이제 몸과 말과 뜻으로 부처님께 지극한 마음으로 귀의하며 사경의식을 봉행하오니, 이 인연 공덕으로 살아 있는 모든 생명의 행복과 해탈을 축원하옵니다. 또한 저와 인연 있는 이들이 다생겁래로 지어온 모든 업장이 소멸되고 바라는 모든 발원이 원만히 성취되게 하시어 감사하고 행복한 삶을 살다가, 끝내는 깨달음의 문을 열게 해주소서. 또한 선망 조상님과 여러 인연 있는 영가들이 극락왕생하여 영원한 행복을 누리게 하소서!

개인 발원문 (각자 바라는 발원을 적고 읽는다.)

불기　　　　　년　　　월　　　일

사경 제자 ＿＿＿＿＿＿＿ 공경 합장

묘법연화경 제一권   제1 서품   **9**

제2 방편품   **53**

묘법연화경 제二권   제3 비유품   **5**

제4 신해품   **77**

묘법연화경 제三권   제5 약초유품   **5**

제6 수기품   **24**

제7 화성유품   **44**

묘법연화경 제四권   제8 오백제자수기품   **5**

제9 수학무학인기품   **28**

제10 법사품   **41**

제11 견보탑품   **62**

제12 제바달다품   **90**

제13 권지품   **107**

묘법연화경 제五권   제14 안락행품   **5**

제15 종지용출품   **40**

제16 여래수량품   **68**

제17 분별공덕품   **88**

묘법연화경 제六권   제18 수희공덕품   **5**

제19 법사공덕품   **18**

제20 상불경보살품   **49**

제21 여래신력품   **65**

제22 촉루품   **76**

제23 약왕보살본사품   **81**

묘법연화경 제七권   제24 묘음보살품   **5**

제25 관세음보살보문품   **25**

제26 다라니품   **46**

제27 묘장엄왕본사품   **59**

제28 보현보살권발품   **76**

사경 시작한 날 : 불기   년   월   일

_____ 두손 모음

妙法蓮華經 卷第一

序品 第一
서 품 제 일

如是我聞 一時佛 住王舍城
여 시 아 문　　일 시 불　　주 왕 사 성

耆闍崛山中 與大比丘衆 萬
기 사 굴 산 중　　여 대 비 구 중　　만

二千人俱 皆是阿羅漢 諸漏
이 천 인 구　　개 시 아 라 한　　제 루

已盡 無復煩惱 逮得己利
이 진　　무 부 번 뇌　　체 득 기 리

盡諸有結 心得自在 其名曰
진 제 유 결　　심 득 자 재　　기 명 왈

阿若憍陳如 摩訶迦葉 優樓
아 야 교 진 여　　마 하 가 섭　　우 루

頻螺迦葉 伽耶迦葉 那提迦
빈 나 가 섭　　가 야 가 섭　　나 제 가

葉　舍利弗　大目犍連　摩訶
섭　사 리 불　대 목 건 련　마 하

迦旃延　阿㝹樓馱　劫賓那
가 전 연　아 누 루 타　겁 빈 나

憍梵波提　離婆多　畢陵伽婆
교 범 바 제　이 바 다　필 릉 가 바

蹉　薄拘羅　摩訶拘絺羅　難
차　박 구 라　마 하 구 치 라　난

陀　孫陀羅難陀　富樓那彌多
타　손 타 라 난 타　부 루 나 미 다

羅尼子　須菩提　阿難　羅睺
라 니 자　수 보 리　아 난　라 후

羅　如是衆所知識　大阿羅漢
라　여 시 중 소 지 식　대 아 라 한

等　復有學無學　二千人　摩
등　부 유 학 무 학　이 천 인　마

訶波闍波提比丘尼　與眷屬
하 파 사 파 제 비 구 니　여 권 속

六千人俱　羅睺羅母　耶輸陀
육 천 인 구　라 후 라 모　야 수 다

羅比丘尼 亦與眷屬俱 菩薩
라 비 구 니　역 여 권 속 구　보 살

摩訶薩 八萬人 皆於阿耨
마 하 살　팔 만 인　개 어 아 녹

多羅三藐三菩提 不退轉 皆
다 라 삼 막 삼 보 리　불 퇴 전　개

得陀羅尼 樂說辯才 轉不退
득 다 라 니　요 설 변 재　전 불 퇴

轉法輪 供養無量 百千諸佛
전 법 륜　공 양 무 량　백 천 제 불

於諸佛所 植衆德本 常爲諸
어 제 불 소　식 중 덕 본　상 위 제

佛之所稱歎 以慈修身 善入
불 지 소 칭 탄　이 자 수 신　선 입

佛慧 通達大智 到於彼岸
불 혜　통 달 대 지　도 어 피 안

名稱普聞 無量世界 能度無
명 칭 보 문　무 량 세 계　능 도 무

數百千衆生 其名曰 文殊
수 백 천 중 생　기 명 왈　문 수

師利菩薩 觀世音菩薩 得大
사 리 보 살 관 세 음 보 살 득 대

勢菩薩 常精進菩薩 不休息
세 보 살 상 정 진 보 살 불 휴 식

菩薩 寶掌菩薩 藥王菩薩
보 살 보 장 보 살 약 왕 보 살

勇施菩薩 寶月菩薩 月光菩
용 시 보 살 보 월 보 살 월 광 보

薩 滿月菩薩 大力菩薩 無
살 만 월 보 살 대 력 보 살 무

量力菩薩 越三界菩薩 跋陀
량 력 보 살 월 삼 계 보 살 발 타

婆羅菩薩 彌勒菩薩 寶積菩
바 라 보 살 미 륵 보 살 보 적 보

薩 導師菩薩 如是等 菩薩
살 도 사 보 살 여 시 등 보 살

摩訶薩 八萬人俱 爾時 釋
마 하 살 팔 만 인 구 이 시 석

提桓因 與其眷屬 二萬天子
제 환 인 여 기 권 속 이 만 천 자

俱 復 有 名 月 天 子 普 香 天
구 부 유 명 월 천 자 보 향 천

子 寶 光 天 子 四 大 天 王 與
자 보 광 천 자 사 대 천 왕 여

其 眷 屬 萬 天 子 俱 自 在 天 子
기 권 속 만 천 자 구 자 재 천 자

大 自 在 天 子 與 其 眷 屬 三 萬
대 자 재 천 자 여 기 권 속 삼 만

天 子 俱 娑 婆 世 界 主 梵 天 王
천 자 구 사 바 세 계 주 범 천 왕

尸 棄 大 梵 光 明 大 梵 等 與 其
시 기 대 범 광 명 대 범 등 여 기

眷 屬 萬 二 千 天 子 俱 有 八 龍
권 속 만 이 천 천 자 구 유 팔 용

王 難 陀 龍 王 跋 難 陀 龍 王
왕 난 타 용 왕 발 난 타 용 왕

娑 伽 羅 龍 王 和 脩 吉 龍 王 德
사 가 라 용 왕 화 수 길 용 왕 덕

叉 迦 龍 王 阿 那 婆 達 多 龍 王
차 가 용 왕 아 나 바 달 다 용 왕

摩那斯龍王　優鉢羅龍王等
마 나 사 용 왕　우 발 라 용 왕 등

各與若干　百千眷屬俱　有四
각 여 약 간　백 천 권 속 구　유 사

緊那羅王　法緊那羅王　妙法
긴 나 라 왕　법 긴 나 라 왕　묘 법

緊那羅王　大法緊那羅王　持
긴 나 라 왕　대 법 긴 나 라 왕　지

法緊那羅王　各與若干　百千
법 긴 나 라 왕　각 여 약 간　백 천

眷屬俱　有四乾闥婆王　樂乾
권 속 구　유 사 건 달 바 왕　악 건

闥婆王　樂音乾闥婆王　美乾
달 바 왕　악 음 건 달 바 왕　미 건

闥婆王　美音乾闥婆王　各與
달 바 왕　미 음 건 달 바 왕　각 여

若干　百千眷屬俱　有四阿修
약 간　백 천 권 속 구　유 사 아 수

羅王　婆稚阿修羅王　佉羅騫
라 왕　바 치 아 수 라 왕　거 라 건

駄阿修羅王 毘摩質多羅阿
타 아 수 라 왕 비 마 질 다 라 아

修羅王 羅睺阿修羅王 各與
수 라 왕 라 후 아 수 라 왕 각 여

若干 百千眷屬俱 有四迦樓
약 간 백 천 권 속 구 유 사 가 루

羅王 大威德迦樓羅王 大身
라 왕 대 위 덕 가 루 라 왕 대 신

迦樓羅王 大滿迦樓羅王 如
가 루 라 왕 대 만 가 루 라 왕 여

意迦樓羅王 各與若干 百千
의 가 루 라 왕 각 여 약 간 백 천

眷屬俱 韋提希子阿闍世王
권 속 구 위 제 희 자 아 사 세 왕

與若干 百千眷屬俱 各禮佛
여 약 간 백 천 권 속 구 각 례 불

足 退坐一面 爾時 世尊 四
족 퇴 좌 일 면 이 시 세 존 사

眾圍遶 供養恭敬 尊重讚歎
중 위 요 공 양 공 경 존 중 찬 탄

爲諸菩薩 說大乘經 名無量
위 제 보 살　설 대 승 경　명 무 량

義 教菩薩法 佛所護念 佛
의　교 보 살 법　불 소 호 념　불

說此經已 結跏趺坐 入於無
설 차 경 이　결 가 부 좌　입 어 무

量義處三昧 身心不動 是時
량 의 처 삼 매　신 심 부 동　시 시

天雨曼陀羅華 摩訶曼陀羅
천 우 만 다 라 화　마 하 만 다 라

華 曼殊沙華 摩訶曼殊沙華
화　만 수 사 화　마 하 만 수 사 화

而散佛上 及諸大衆 普佛世
이 산 불 상　급 제 대 중　보 불 세

界 六種震動 爾時 會中 比
계　육 종 진 동　이 시　회 중　비

丘比丘尼 優婆塞優婆夷 天
구 비 구 니　우 바 새 우 바 이　천

龍夜叉 乾闥婆阿修羅 迦樓
룡 야 차　건 달 바 아 수 라　가 루

羅緊那羅 摩睺羅伽 人非人
라 긴 나 라　마 후 라 가　인 비 인

及諸小王 轉輪聖王 是諸大
급 제 소 왕　전 륜 성 왕　시 제 대

衆 得未曾有 歡喜合掌 一
중　득 미 증 유　환 희 합 장　일

心觀佛 爾時 佛放眉間 白
심 관 불　이 시　불 방 미 간　백

毫相光 照東方 萬八千世界
호 상 광　조 동 방　만 팔 천 세 계

靡不周遍 下至阿鼻地獄 上
미 부 주 변　하 지 아 비 지 옥　상

至阿迦尼吒天 於此世界 盡
지 아 가 니 타 천　어 차 세 계　진

見彼土 六趣衆生 又見彼土
견 피 토　육 취 중 생　우 견 피 토

現在諸佛 及聞諸佛 所說經
현 재 제 불　급 문 제 불　소 설 경

法 幷見彼諸比丘比丘尼 優
법　병 견 피 제 비 구 비 구 니　우

婆塞優婆夷 諸修行得道者
바 새 우 바 이　제 수 행 득 도 자

復見諸菩薩摩訶薩 種種因
부 견 제 보 살 마 하 살　종 종 인

緣 種種信解 種種相貌 行
연　종 종 신 해　종 종 상 모　행

菩薩道 復見諸佛 般涅槃者
보 살 도　부 견 제 불　반 열 반 자

復見諸佛 般涅槃後 以佛舍
부 견 제 불　반 열 반 후　이 불 사

利 起七寶塔 爾時 彌勒菩
리　기 칠 보 탑　이 시　미 륵 보

薩 作是念 今者世尊 現神
살　작 시 념　금 자 세 존　현 신

變相 以何因緣 而有此瑞
변 상　이 하 인 연　이 유 차 서

今佛世尊 入于三昧 是不可
금 불 세 존　입 우 삼 매　시 불 가

思議 現希有事 當以問誰
사 의　현 희 유 사　당 이 문 수

誰能答者 復作此念 是文殊
수 능 답 자 부 작 차 념 시 문 수

師利法王之子 已曾親近供
사 리 법 왕 지 자 이 증 친 근 공

養 過去無量諸佛 必應見
양 과 거 무 량 제 불 필 응 견

此 希有之相 我今當問 爾
차 희 유 지 상 아 금 당 문 이

時 比丘比丘尼 優婆塞優婆
시 비 구 비 구 니 우 바 새 우 바

夷 及諸天龍鬼神等 咸作此
이 급 제 천 룡 귀 신 등 함 작 차

念 是佛光明 神通之相 今
념 시 불 광 명 신 통 지 상 금

當問誰 爾時 彌勒菩薩 欲
당 문 수 이 시 미 륵 보 살 욕

自決疑 又觀四眾 比丘比丘
자 결 의 우 관 사 중 비 구 비 구

尼 優婆塞優婆夷 及諸天龍
니 우 바 새 우 바 이 급 제 천 룡

鬼神等　衆會之心　而問文殊
귀　신　등　중　회　지　심　이　문　문　수

師利言　以何因緣　而有此瑞
사　리　언　이　하　인　연　이　유　차　서

神通之相　放大光明　照于東
신　통　지　상　방　대　광　명　조　우　동

方　萬八千土　悉見彼佛　國
방　만　팔　천　토　실　견　피　불　국

界莊嚴　於是　彌勒菩薩　欲
계　장　엄　어　시　미　륵　보　살　욕

重宣此義　以偈問曰
중　선　차　의　이　게　문　왈

文殊師利　導師何故
문　수　사　리　도　사　하　고

眉間白毫　大光普照
미　간　백　호　대　광　보　조

雨曼陀羅　曼殊沙華
우　만　다　라　만　수　사　화

栴檀香風　悅可衆心
전　단　향　풍　열　가　중　심

以是因緣　地皆嚴淨
이　시　인　연　　지　개　엄　정

而此世界　六種震動
이　차　세　계　　육　종　진　동

時四部衆　咸皆歡喜
시　사　부　중　　함　개　환　희

身意快然　得未曾有
신　의　쾌　연　　득　미　증　유

眉間光明　照于東方
미　간　광　명　　조　우　동　방

萬八千土　皆如金色
만　팔　천　토　　개　여　금　색

從阿鼻獄　上至有頂
종　아　비　옥　　상　지　유　정

諸世界中　六道衆生
제　세　계　중　　육　도　중　생

生死所趣　善惡業緣
생　사　소　취　　선　악　업　연

受報好醜　於此悉見
수　보　호　추　　어　차　실　견

又觀諸佛　聖主師子
우　도　제　불　성　주　사　자

演說經典　微妙第一
연　설　경　전　미　묘　제　일

其聲淸淨　出柔軟音
기　성　청　정　출　유　연　음

敎諸菩薩　無數億萬
교　제　보　살　무　수　억　만

梵音深妙　令人樂聞
범　음　심　묘　영　인　락　문

各於世界　講說正法
각　어　세　계　강　설　정　법

種種因緣　以無量喩
종　종　인　연　이　무　량　유

照明佛法　開悟衆生
조　명　불　법　개　오　중　생

若人遭苦　厭老病死
약　인　조　고　염　노　병　사

爲說涅槃　盡諸苦際
위　설　열　반　진　제　고　제

若人有福　曾供養佛
약 인 유 복　증 공 양 불

志求勝法　爲說緣覺
지 구 승 법　위 설 연 각

若有佛子　修種種行
약 유 불 자　수 종 종 행

求無上慧　爲說淨道
구 무 상 혜　위 설 정 도

文殊師利　我住於此
문 수 사 리　아 주 어 차

見聞若斯　及千億事
견 문 약 사　급 천 억 사

如是衆多　今當略說
여 시 중 다　금 당 약 설

我見彼土　恒沙菩薩
아 견 피 토　항 사 보 살

種種因緣　而求佛道
종 종 인 연　이 구 불 도

或有行施　金銀珊瑚
혹 유 행 시　금 은 산 호

眞珠摩尼　硨磲瑪瑙
진　주　마　니　　자　거　마　노

金剛諸珍　奴婢車乘
금　강　제　진　　노　비　거　승

寶飾輦輿　歡喜布施
보　식　연　여　　환　희　보　시

廻向佛道　願得是乘
회　향　불　도　　원　득　시　승

三界第一　諸佛所歎
삼　계　제　일　　제　불　소　탄

或有菩薩　駟馬寶車
혹　유　보　살　　사　마　보　거

欄楯華蓋　軒飾布施
난　순　화　개　　헌　식　보　시

復見菩薩　身肉手足
부　견　보　살　　신　육　수　족

及妻子施　求無上道
급　처　자　시　　구　무　상　도

又見菩薩　頭目身體
우　견　보　살　　두　목　신　체

欣樂施與　求佛智慧
흔　락　시　여　구　불　지　혜

文殊師利　我見諸王
문　수　사　리　아　견　제　왕

往詣佛所　問無上道
왕　예　불　소　문　무　상　도

便捨樂土　宮殿臣妾
변　사　락　토　궁　전　신　첩

剃除鬚髮　而被法服
체　제　수　발　이　피　법　복

或見菩薩　而作比丘
혹　견　보　살　이　작　비　구

獨處閑靜　樂誦經典
독　처　한　정　낙　송　경　전

又見菩薩　勇猛精進
우　견　보　살　용　맹　정　진

入於深山　思惟佛道
입　어　심　산　사　유　불　도

又見離欲　常處空閑
우　견　이　욕　상　처　공　한

深 修 禪 定　得 五 神 通
심 수 선 정　득 오 신 통

又 見 菩 薩　安 禪 合 掌
우 견 보 살　안 선 합 장

以 千 萬 偈　讚 諸 法 王
이 천 만 게　찬 제 법 왕

復 見 菩 薩　智 深 志 固
부 견 보 살　지 심 지 고

能 問 諸 佛　聞 悉 受 持
능 문 제 불　문 실 수 지

又 見 佛 子　定 慧 具 足
우 견 불 자　정 혜 구 족

以 無 量 喩　爲 衆 講 法
이 무 량 유　위 중 강 법

欣 樂 說 法　化 諸 菩 薩
흔 락 설 법　화 제 보 살

破 魔 兵 衆　而 擊 法 鼓
파 마 병 중　이 격 법 고

又 見 菩 薩　寂 然 宴 默
우 견 보 살　적 연 연 묵

天龍恭敬　不以爲喜
천　룡　공　경　　불　이　위　희

又見菩薩　處林放光
우　견　보　살　　처　림　방　광

濟地獄苦　令入佛道
제　지　옥　고　　영　입　불　도

又見佛子　未嘗睡眠
우　견　불　자　　미　상　수　면

經行林中　勤求佛道
경　행　림　중　　근　구　불　도

又見具戒　威儀無缺
우　견　구　계　　위　의　무　결

淨如寶珠　以求佛道
정　여　보　주　　이　구　불　도

又見佛子　住忍辱力
우　견　불　자　　주　인　욕　력

增上慢人　惡罵捶打
증　상　만　인　　악　매　추　타

皆悉能忍　以求佛道
개　실　능　인　　이　구　불　도

又見菩薩　離諸戲笑
우　견　보　살　이　제　희　소

及癡眷屬　親近智者
급　치　권　속　친　근　지　자

一心除亂　攝念山林
일　심　제　란　섭　념　산　림

億千萬歲　以求佛道
억　천　만　세　이　구　불　도

或見菩薩　餚饍飲食
혹　견　보　살　효　선　음　식

百種湯藥　施佛及僧
백　종　탕　약　시　불　급　승

名衣上服　價直千萬
명　의　상　복　가　치　천　만

或無價衣　施佛及僧
혹　무　가　의　시　불　급　승

千萬億種　栴檀寶舍
천　만　억　종　전　단　보　사

衆妙臥具　施佛及僧
중　묘　와　구　시　불　급　승

清淨園林　華果茂盛
청 정 원 림　화 과 무 성

流泉浴池　施佛及僧
유 천 욕 지　시 불 급 승

如是等施　種種微妙
여 시 등 시　종 종 미 묘

歡喜無厭　求無上道
환 희 무 염　구 무 상 도

或有菩薩　說寂滅法
혹 유 보 살　설 적 멸 법

種種教詔　無數衆生
종 종 교 조　무 수 중 생

或見菩薩　觀諸法性
혹 견 보 살　관 제 법 성

無有二相　猶如虛空
무 유 이 상　유 여 허 공

又見佛子　心無所著
우 견 불 자　심 무 소 착

以此妙慧　求無上道
이 차 묘 혜　구 무 상 도

文殊師利　又有菩薩
문　수　사　리　　우　유　보　살

佛滅度後　供養舍利
불　멸　도　후　　공　양　사　리

又見佛子　造諸塔廟
우　견　불　자　　조　제　탑　묘

無數恒沙　嚴飾國界
무　수　항　사　　엄　식　국　계

寶塔高妙　五千由旬
보　탑　고　묘　　오　천　유　순

縱廣正等　二千由旬
종　광　정　등　　이　천　유　순

一一塔廟　各千幢幡
일　일　탑　묘　　각　천　당　번

珠交露幔　寶鈴和鳴
주　교　로　만　　보　령　화　명

諸天龍神　人及非人
제　천　룡　신　　인　급　비　인

香華伎樂　常以供養
향　화　기　악　　상　이　공　양

文殊師利 諸佛子等
문 수 사 리 제 불 자 등

爲供舍利 嚴飾塔廟
위 공 사 리 엄 식 탑 묘

國界自然 殊特妙好
국 계 자 연 수 특 묘 호

如天樹王 其華開敷
여 천 수 왕 기 화 개 부

佛放一光 我及衆會
불 방 일 광 아 급 중 회

見此國界 種種殊妙
견 차 국 계 종 종 수 묘

諸佛神力 智慧希有
제 불 신 력 지 혜 희 유

放一淨光 照無量國
방 일 정 광 조 무 량 국

我等見此 得未曾有
아 등 견 차 득 미 증 유

佛子文殊 願決衆疑
불 자 문 수 원 결 중 의

四衆欣仰 瞻仁及我
사 중 흔 앙　첨 인 급 아

世尊何故 放斯光明
세 존 하 고　방 사 광 명

佛子時答 決疑令喜
불 자 시 답　결 의 영 희

何所饒益 演斯光明
하 소 요 익　연 사 광 명

佛坐道場 所得妙法
불 좌 도 량　소 득 묘 법

爲欲說此 爲當授記
위 욕 설 차　위 당 수 기

示諸佛土 衆寶嚴淨
시 제 불 토　중 보 엄 정

及見諸佛 此非小緣
급 견 제 불　차 비 소 연

文殊當知 四衆龍神
문 수 당 지　사 중 용 신

瞻察仁者 爲說何等
첨 찰 인 자　위 설 하 등

爾時 文殊師利 語彌勒菩薩
이 시 문 수 사 리 어 미 륵 보 살

摩訶薩 及諸大士 善男子等
마 하 살 급 제 대 사 선 남 자 등

如我惟忖 今佛世尊 欲說大
여 아 유 촌 금 불 세 존 욕 설 대

法 雨大法雨 吹大法螺 擊
법 우 대 법 우 취 대 법 라 격

大法鼓 演大法義 諸善男子
대 법 고 연 대 법 의 제 선 남 자

我於過去諸佛 曾見此瑞 放
아 어 과 거 제 불 증 견 차 서 방

斯光已 卽說大法 是故當知
사 광 이 즉 설 대 법 시 고 당 지

今佛現光 亦復如是 欲令衆
금 불 현 광 역 부 여 시 욕 령 중

生 咸得聞知 一切世間 難
생 함 득 문 지 일 체 세 간 난

信之法 故現斯瑞 諸善男
신 지 법 고 현 사 서 제 선 남

子 如過去無量無邊 不可思
자 여 과 거 무 량 무 변 불 가 사

議 阿僧祇劫 爾時 有佛 號
의 아 승 기 겁 이 시 유 불 호

日月燈明如來 應供 正遍知
일 월 등 명 여 래 응 공 정 변 지

明行足 善逝 世間解 無上
명 행 족 선 서 세 간 해 무 상

士 調御丈夫 天人師 佛世
사 조 어 장 부 천 인 사 불 세

尊 演說正法 初善中善後善
존 연 설 정 법 초 선 중 선 후 선

其義深遠 其語巧妙 純一無
기 의 심 원 기 어 교 묘 순 일 무

雜 具足淸白 梵行之相 爲
잡 구 족 청 백 범 행 지 상 위

求聲聞者 說應四諦法 度生
구 성 문 자 설 응 사 제 법 도 생

老病死 究竟涅槃 爲求辟支
로 병 사 구 경 열 반 위 구 벽 지

佛者 說應十二因緣法 爲諸
불 자 설 응 십 이 인 연 법 위 제

菩薩 說應六波羅蜜 令得阿
보 살 설 응 육 바 라 밀 영 득 아

耨多羅三藐三菩提 成一切
녹 다 라 삼 먁 삼 보 리 성 일 체

種智 次復有佛 亦名日月燈
종 지 차 부 유 불 역 명 일 월 등

明 次復有佛 亦名日月燈明
명 차 부 유 불 역 명 일 월 등 명

如是二萬佛 皆同一字 號日
여 시 이 만 불 개 동 일 자 호 일

月燈明 又同一姓 姓頗羅
월 등 명 우 동 일 성 성 파 라

墮 彌勒當知 初佛後佛 皆
타 미 륵 당 지 초 불 후 불 개

同一字 名日月燈明 十號具
동 일 자 명 일 월 등 명 십 호 구

足 所可說法 初中後善 其
족 소 가 설 법 초 중 후 선 기

最後佛 未出家時 有八王
최 후 불　미 출 가 시　유 팔 왕

子 一名有意 二名善意 三
자　일 명 유 의　이 명 선 의　삼

名無量意 四名寶意 五名
명 무 량 의　사 명 보 의　오 명

增意 六名除疑意 七名響
증 의　육 명 제 의 의　칠 명 향

意 八名法意 是八王子 威
의　팔 명 법 의　시 팔 왕 자　위

德自在 各領四天下 是諸王
덕 자 재　각 령 사 천 하　시 제 왕

子 聞父出家 得阿耨多羅三
자　문 부 출 가　득 아 녹 다 라 삼

藐三菩提 悉捨王位 亦隨出
막 삼 보 리　실 사 왕 위　역 수 출

家 發大乘意 常修梵行 皆
가　발 대 승 의　상 수 범 행　개

爲法師 已於千萬佛所 植諸
위 법 사　이 어 천 만 불 소　식 제

善本 是時 日月燈明佛 說
선 본　시 시　일 월 등 명 불　설

大乘經 名無量義 教菩薩法
대 승 경　명 무 량 의　교 보 살 법

佛所護念 說是經已 即於大
불 소 호 념　설 시 경 이　즉 어 대

衆中 結跏趺坐 入於無量義
중 중　결 가 부 좌　입 어 무 량 의

處三昧 身心不動 是時 天
처 삼 매　신 심 부 동　시 시　천

雨曼陀羅華 摩訶曼陀羅華
우 만 다 라 화　마 하 만 다 라 화

曼殊沙華 摩訶曼殊沙華 而
만 수 사 화　마 하 만 수 사 화　이

散佛上 及諸大衆 普佛世界
산 불 상　급 제 대 중　보 불 세 계

六種震動 爾時會中 比丘比
육 종 진 동　이 시 회 중　비 구 비

丘尼 優婆塞優婆夷 天龍夜
구 니　우 바 새 우 바 이　천 룡 야

叉 乾闥婆阿修羅 迦樓羅緊
차 건 달 바 아 수 라　가 루 라 긴

那羅 摩睺羅伽 人非人 及
나 라　마 후 라 가　인 비 인　급

諸小王 轉輪聖王等 是諸大
제 소 왕　전 륜 성 왕 등　시 제 대

衆 得未曾有 歡喜合掌 一
중　득 미 증 유　환 희 합 장　일

心觀佛 爾時 如來 放眉間
심 관 불　이 시　여 래　방 미 간

白毫相光 照東方 萬八千佛
백 호 상 광　조 동 방　만 팔 천 불

土 靡不周遍 如今所見 是
토　미 부 주 변　여 금 소 견　시

諸佛土 彌勒當知 爾時會中
제 불 토　미 륵 당 지　이 시 회 중

有二十億菩薩 樂欲聽法 是
유 이 십 억 보 살　낙 욕 청 법　시

諸菩薩 見此光明 普照佛土
제 보 살　견 차 광 명　보 조 불 토

得未曾有 欲知此光 所爲因
득 미 증 유　욕 지 차 광　소 위 인

緣 時有菩薩 名曰妙光 有
연　시 유 보 살　명 왈 묘 광　유

八百弟子 是時 日月燈明佛
팔 백 제 자　시 시　일 월 등 명 불

從三昧起 因妙光菩薩 說大
종 삼 매 기　인 묘 광 보 살　설 대

乘經 名妙法蓮華 敎菩薩
승 경　명 묘 법 연 화　교 보 살

法 佛所護念 六十小劫 不
법　불 소 호 념　육 십 소 겁　불

起于座 時會聽者 亦坐一處
기 우 좌　시 회 청 자　역 좌 일 처

六十小劫 身心不動 聽佛所
육 십 소 겁　신 심 부 동　청 불 소

說 謂如食頃 是時衆中 無
설　위 여 식 경　시 시 중 중　무

有一人 若身若心 而生懈倦
유 일 인　약 신 약 심　이 생 해 권

日月燈明佛 於六十小劫 說
일 월 등 명 불 어 육 십 소 겁 설

是經已 卽於梵魔 沙門婆羅
시 경 이 즉 어 범 마 사 문 바 라

門 及天人 阿修羅衆中 而
문 급 천 인 아 수 라 중 중 이

宣此言 如來於今日中夜 當
선 차 언 여 래 어 금 일 중 야 당

入無餘涅槃 時有菩薩 名曰
입 무 여 열 반 시 유 보 살 명 왈

德藏 日月燈明佛 卽授其記
덕 장 일 월 등 명 불 즉 수 기 기

告諸比丘 是德藏菩薩 次當
고 제 비 구 시 덕 장 보 살 차 당

作佛 號曰淨身 多陀阿伽度
작 불 호 왈 정 신 다 타 아 가 도

阿羅訶 三藐三佛陀 佛授記
아 라 하 삼 먁 삼 불 타 불 수 기

已 便於中夜 入無餘涅槃
이 변 어 중 야 입 무 여 열 반

佛滅度後 妙光菩薩 持妙法
불 멸 도 후 묘 광 보 살 지 묘 법

蓮華經 滿八十小劫 爲人演
연 화 경 만 팔 십 소 겁 위 인 연

說 日月燈明佛八子 皆師妙
설 일 월 등 명 불 팔 자 개 사 묘

光 妙光教化 令其堅固 阿
광 묘 광 교 화 영 기 견 고 아

耨多羅三藐三菩提 是諸王
녹 다 라 삼 먁 삼 보 리 시 제 왕

子 供養無量 百千萬億佛已
자 공 양 무 량 백 천 만 억 불 이

皆成佛道 其最後成佛者 名
개 성 불 도 기 최 후 성 불 자 명

曰燃燈 八百弟子中 有一人
왈 연 등 팔 백 제 자 중 유 일 인

號曰求名 貪著利養 雖復讀
호 왈 구 명 탐 착 이 양 수 부 독

誦衆經 而不通利 多所忘失
송 중 경 이 불 통 리 다 소 망 실

故號求名 是人 亦以種諸善
고 호 구 명　시 인　역 이 종 제 선

根 因緣故 得値無量 百千
근　인 연 고　득 치 무 량　백 천

萬億諸佛 供養恭敬 尊重讃
만 억 제 불　공 양 공 경　존 중 찬

歎 彌勒當知 爾時 妙光菩
탄　미 륵 당 지　이 시　묘 광 보

薩 豈異人乎 我身是也 求
살　기 이 인 호　아 신 시 야　구

名菩薩 汝身是也 今見此瑞
명 보 살　여 신 시 야　금 견 차 서

與本無異 是故惟忖 今日如
여 본 무 이　시 고 유 촌　금 일 여

來 當說大乘經 名妙法蓮華
래　당 설 대 승 경　명 묘 법 연 화

教菩薩法 佛所護念 爾時
교 보 살 법　불 소 호 념　이 시

文殊師利 於大衆中 欲重宣
문 수 사 리　어 대 중 중　욕 중 선

此義 而說偈言
차 의 이 설 게 언

我念過去世 無量無數劫
아 념 과 거 세 무 량 무 수 겁

有佛人中尊 號日月燈明
유 불 인 중 존 호 일 월 등 명

世尊演說法 度無量眾生
세 존 연 설 법 도 무 량 중 생

無數億菩薩 令入佛智慧
무 수 억 보 살 영 입 불 지 혜

佛未出家時 所生八王子
불 미 출 가 시 소 생 팔 왕 자

見大聖出家 亦隨修梵行
견 대 성 출 가 역 수 수 범 행

時佛說大乘 經名無量義
시 불 설 대 승 경 명 무 량 의

於諸大眾中 而爲廣分別
어 제 대 중 중 이 위 광 분 별

佛說此經已 卽於法座上
불 설 차 경 이 즉 어 법 좌 상

跏趺坐三昧　名無量義處
가 부 좌 삼 매　명 무 량 의 처

天雨曼陀華　天鼓自然鳴
천 우 만 다 화　천 고 자 연 명

諸天龍鬼神　供養人中尊
제 천 룡 귀 신　공 양 인 중 존

一切諸佛土　即時大震動
일 체 제 불 토　즉 시 대 진 동

佛放眉間光　現諸希有事
불 방 미 간 광　현 제 희 유 사

此光照東方　萬八千佛土
차 광 조 동 방　만 팔 천 불 토

示一切衆生　生死業報處
시 일 체 중 생　생 사 업 보 처

有見諸佛土　以衆寶莊嚴
유 견 제 불 토　이 중 보 장 엄

琉璃玻瓈色　斯由佛光照
유 리 파 려 색　사 유 불 광 조

及見諸天人　龍神夜叉衆
급 견 제 천 인　용 신 야 차 중

乾 闥 緊 那 羅　　各 供 養 其 佛
건 달 긴 나 라　　각 공 양 기 불

又 見 諸 如 來　　自 然 成 佛 道
우 견 제 여 래　　자 연 성 불 도

身 色 如 金 山　　端 嚴 甚 微 妙
신 색 여 금 산　　단 엄 심 미 묘

如 淨 琉 璃 中　　内 現 眞 金 像
여 정 유 리 중　　내 현 진 금 상

世 尊 在 大 衆　　敷 演 深 法 義
세 존 재 대 중　　부 연 심 법 의

一 一 諸 佛 土　　聲 聞 衆 無 數
일 일 제 불 토　　성 문 중 무 수

因 佛 光 所 照　　悉 見 彼 大 衆
인 불 광 소 조　　실 견 피 대 중

或 有 諸 比 丘　　在 於 山 林 中
혹 유 제 비 구　　재 어 산 림 중

精 進 持 淨 戒　　猶 如 護 明 珠
정 진 지 정 계　　유 여 호 명 주

又 見 諸 菩 薩　　行 施 忍 辱 等
우 견 제 보 살　　행 시 인 욕 등

其數如恒沙　斯由佛光照
기　수　여　항　사　　사　유　불　광　조

又見諸菩薩　深入諸禪定
우　견　제　보　살　　심　입　제　선　정

身心寂不動　以求無上道
신　심　적　부　동　　이　구　무　상　도

又見諸菩薩　知法寂滅相
우　견　제　보　살　　지　법　적　멸　상

各於其國土　說法求佛道
각　어　기　국　토　　설　법　구　불　도

爾時四部衆　見日月燈佛
이　시　사　부　중　　견　일　월　등　불

現大神通力　其心皆歡喜
현　대　신　통　력　　기　심　개　환　희

各各自相問　是事何因緣
각　각　자　상　문　　시　사　하　인　연

天人所奉尊　適從三昧起
천　인　소　봉　존　　적　종　삼　매　기

讚妙光菩薩　汝爲世間眼
찬　묘　광　보　살　　여　위　세　간　안

一切所歸信　能奉持法藏
일 체 소 귀 신　능 봉 지 법 장

如我所說法　唯汝能證知
여 아 소 설 법　유 여 능 증 지

世尊旣讚歎　令妙光歡喜
세 존 기 찬 탄　영 묘 광 환 희

說是法華經　滿六十小劫
설 시 법 화 경　만 육 십 소 겁

不起於此座　所說上妙法
불 기 어 차 좌　소 설 상 묘 법

是妙光法師　悉皆能受持
시 묘 광 법 사　실 개 능 수 지

佛說是法華　令衆歡喜已
불 설 시 법 화　영 중 환 희 이

尋卽於是日　告於天人衆
심 즉 어 시 일　고 어 천 인 중

諸法實相義　已爲汝等說
제 법 실 상 의　이 위 여 등 설

我今於中夜　當入於涅槃
아 금 어 중 야　당 입 어 열 반

汝一心精進　當離於放逸
여 일 심 정 진　당 리 어 방 일

諸佛甚難値　億劫時一遇
제 불 심 난 치　억 겁 시 일 우

世尊諸子等　聞佛入涅槃
세 존 제 자 등　문 불 입 열 반

各各懷悲惱　佛滅一何速
각 각 회 비 뇌　불 멸 일 하 속

聖主法之王　安慰無量衆
성 주 법 지 왕　안 위 무 량 중

我若滅度時　汝等勿憂怖
아 약 멸 도 시　여 등 물 우 포

是德藏菩薩　於無漏實相
시 덕 장 보 살　어 무 루 실 상

心已得通達　其次當作佛
심 이 득 통 달　기 차 당 작 불

號曰爲淨身　亦度無量衆
호 왈 위 정 신　역 도 무 량 중

佛此夜滅度　如薪盡火滅
불 차 야 멸 도　여 신 진 화 멸

分	布	諸	舍	利	而	起	無	量	塔
분	포	제	사	리	이	기	무	량	탑

比	丘	比	丘	尼	其	數	如	恒	沙
비	구	비	구	니	기	수	여	항	사

倍	復	加	精	進	以	求	無	上	道
배	부	가	정	진	이	구	무	상	도

是	妙	光	法	師	奉	持	佛	法	藏
시	묘	광	법	사	봉	지	불	법	장

八	十	小	劫	中	廣	宣	法	華	經
팔	십	소	겁	중	광	선	법	화	경

是	諸	八	王	子	妙	光	所	開	化
시	제	팔	왕	자	묘	광	소	개	화

堅	固	無	上	道	當	見	無	數	佛
견	고	무	상	도	당	견	무	수	불

供	養	諸	佛	已	隨	順	行	大	道
공	양	제	불	이	수	순	행	대	도

相	繼	得	成	佛	轉	次	而	授	記
상	계	득	성	불	전	차	이	수	기

最	後	天	中	天	號	曰	燃	燈	佛
최	후	천	중	천	호	왈	연	등	불

諸仙之導師　度脫無量衆
제 선 지 도 사　도 탈 무 량 중

是妙光法師　時有一弟子
시 묘 광 법 사　시 유 일 제 자

心常懷懈怠　貪著於名利
심 상 회 해 태　탐 착 어 명 리

求名利無厭　多遊族姓家
구 명 리 무 염　다 유 족 성 가

棄捨所習誦　廢忘不通利
기 사 소 습 송　폐 망 불 통 리

以是因緣故　號之爲求名
이 시 인 연 고　호 지 위 구 명

亦行衆善業　得見無數佛
역 행 중 선 업　득 견 무 수 불

供養於諸佛　隨順行大道
공 양 어 제 불　수 순 행 대 도

具六波羅蜜　今見釋師子
구 육 바 라 밀　금 견 석 사 자

其後當作佛　號名曰彌勒
기 후 당 작 불　호 명 왈 미 륵

廣度諸衆生　其數無有量
광　도　제　중　생　　기　수　무　유　량

彼佛滅度後　懈怠者汝是
피　불　멸　도　후　　해　태　자　여　시

妙光法師者　今則我身是
묘　광　법　사　자　　금　즉　아　신　시

我見燈明佛　本光瑞如此
아　견　등　명　불　　본　광　서　여　차

以是知今佛　欲說法華經
이　시　지　금　불　　욕　설　법　화　경

今相如本瑞　是諸佛方便
금　상　여　본　서　　시　제　불　방　편

今佛放光明　助發實相義
금　불　방　광　명　　조　발　실　상　의

諸人今當知　合掌一心待
제　인　금　당　지　　합　장　일　심　대

佛當雨法雨　充足求道者
불　당　우　법　우　　충　족　구　도　자

諸求三乘人　若有疑悔者
제　구　삼　승　인　　약　유　의　회　자

佛當爲除斷 令盡無有餘
불 당 위 제 단 영 진 무 유 여

方便品 第二
방 편 품 제 이

爾時 世尊 從三昧 安詳而
이 시 세 존 종 삼 매 안 상 이

起 告舍利弗 諸佛智慧 甚
기 고 사 리 불 제 불 지 혜 심

深無量 其智慧門 難解難入
심 무 량 기 지 혜 문 난 해 난 입

一切聲聞 辟支佛 所不能知
일 체 성 문 벽 지 불 소 불 능 지

所以者何 佛曾親近 百千萬
소 이 자 하 불 증 친 근 백 천 만

億 無數諸佛 盡行諸佛 無
억 무 수 제 불 진 행 제 불 무

量道法 勇猛精進 名稱普聞
량 도 법 용 맹 정 진 명 칭 보 문

成就甚深 未曾有法 隨宜所
성 취 심 심 미 증 유 법 수 의 소

說 意趣難解 舍利弗 吾從
설 의 취 난 해 사 리 불 오 종

成佛已來 種種因緣 種種譬
성 불 이 래 종 종 인 연 종 종 비

喩 廣演言教 無數方便 引
유 광 연 언 교 무 수 방 편 인

導衆生 令離諸著 所以者何
도 중 생 영 리 제 착 소 이 자 하

如來 方便知見波羅蜜 皆已
여 래 방 편 지 견 바 라 밀 개 이

具足 舍利弗 如來知見 廣
구 족 사 리 불 여 래 지 견 광

大深遠 無量無礙 力無所
대 심 원 무 량 무 애 역 무 소

畏 禪定解脫三昧 深入無際
외 선 정 해 탈 삼 매 심 입 무 제

成就一切 未曾有法 舍利弗
성 취 일 체 미 증 유 법 사 리 불

如來　能種種分別　巧說諸法
여래　능종종분별　교설제법

言辭柔軟　悅可衆心　舍利弗
언사유연　열가중심　사리불

取要言之　無量無邊　未曾有
취요언지　무량무변　미증유

法　佛悉成就　止舍利弗　不
법　불실성취　지사리불　불

須復說　所以者何　佛所成就
수부설　소이자하　불소성취

第一希有　難解之法　唯佛與
제일희유　난해지법　유불여

佛　乃能究盡　諸法實相　所
불　내능구진　제법실상　소

謂諸法　如是相　如是性　如
위제법　여시상　여시성　여

是體　如是力　如是作　如是
시체　여시력　여시작　여시

因　如是緣　如是果　如是報
인　여시연　여시과　여시보

如是本末究竟等　爾時 世尊
여 시 본 말 구 경 등　이 시 세 존

欲重宣此義　而說偈言
욕 중 선 차 의　이 설 게 언

世雄不可量　諸天及世人
세 웅 불 가 량　제 천 급 세 인

一切衆生類　無能知佛者
일 체 중 생 류　무 능 지 불 자

佛力無所畏　解脫諸三昧
불 력 무 소 외　해 탈 제 삼 매

及佛諸餘法　無能測量者
급 불 제 여 법　무 능 측 량 자

本從無數佛　具足行諸道
본 종 무 수 불　구 족 행 제 도

甚深微妙法　難見難可了
심 심 미 묘 법　난 견 난 가 료

於無量億劫　行此諸道已
어 무 량 억 겁　행 차 제 도 이

道場得成果　我已悉知見
도 량 득 성 과　아 이 실 지 견

如是大果報　種種性相義
여　시　대　과　보　　　종　종　성　상　의

我及十方佛　乃能知是事
아　급　시　방　불　　　내　능　지　시　사

是法不可示　言辭相寂滅
시　법　불　가　시　　　언　사　상　적　멸

諸餘衆生類　無有能得解
제　여　중　생　류　　　무　유　능　득　해

除諸菩薩衆　信力堅固者
제　제　보　살　중　　　신　력　견　고　자

諸佛弟子衆　曾供養諸佛
제　불　제　자　중　　　증　공　양　제　불

一切漏已盡　住是最後身
일　체　루　이　진　　　주　시　최　후　신

如是諸人等　其力所不堪
여　시　제　인　등　　　기　력　소　불　감

假使滿世間　皆如舍利弗
가　사　만　세　간　　　개　여　사　리　불

盡思共度量　不能測佛智
진　사　공　탁　량　　　불　능　측　불　지

正使滿十方　皆如舍利弗
정 사 만 시 방　개 여 사 리 불

及餘諸弟子　亦滿十方刹
급 여 제 제 자　역 만 시 방 찰

盡思共度量　亦復不能知
진 사 공 탁 량　역 부 불 능 지

辟支佛利智　無漏最後身
벽 지 불 이 지　무 루 최 후 신

亦滿十方界　其數如竹林
역 만 시 방 계　기 수 여 죽 림

斯等共一心　於億無量劫
사 등 공 일 심　어 억 무 량 겁

欲思佛實智　莫能知少分
욕 사 불 실 지　막 능 지 소 분

新發意菩薩　供養無數佛
신 발 의 보 살　공 양 무 수 불

了達諸義趣　又能善說法
요 달 제 의 취　우 능 선 설 법

如稻麻竹葦　充滿十方刹
여 도 마 죽 위　충 만 시 방 찰

一心以妙智　於恒河沙劫
일 심 이 묘 지　어 항 하 사 겁

咸皆共思量　不能知佛智
함 개 공 사 량　불 능 지 불 지

不退諸菩薩　其數如恒沙
불 퇴 제 보 살　기 수 여 항 사

一心共思求　亦復不能知
일 심 공 사 구　역 부 불 능 지

又告舍利弗　無漏不思議
우 고 사 리 불　무 루 부 사 의

甚深微妙法　我今已具得
심 심 미 묘 법　아 금 이 구 득

唯我知是相　十方佛亦然
유 아 지 시 상　시 방 불 역 연

舍利弗當知　諸佛語無異
사 리 불 당 지　제 불 어 무 이

於佛所說法　當生大信力
어 불 소 설 법　당 생 대 신 력

世尊法久後　要當說眞實
세 존 법 구 후　요 당 설 진 실

告諸聲聞衆 及求緣覺乘
고 제 성 문 중　급 구 연 각 승

我令脫苦縛 逮得涅槃者
아 령 탈 고 박　체 득 열 반 자

佛以方便力 示以三乘敎
불 이 방 편 력　시 이 삼 승 교

衆生處處著 引之令得出
중 생 처 처 착　인 지 령 득 출

爾時 大衆中 有諸聲聞 漏
이 시 대 중 중　유 제 성 문 누

盡阿羅漢 阿若憍陳如等
진 아 라 한　아 야 교 진 여 등

千二百人 及發聲聞辟支佛
천 이 백 인　급 발 성 문 벽 지 불

心 比丘比丘尼 優婆塞優婆
심 비 구 비 구 니　우 바 새 우 바

夷 各作是念 今者世尊 何
이 각 작 시 념　금 자 세 존 하

故慇懃稱歎方便 而作是言
고 은 근 칭 탄 방 편　이 작 시 언

佛所得法 甚深難解 有所言
불 소 득 법　심 심 난 해　유 소 언

說 意趣難知 一切聲聞 辟
설　의 취 난 지　일 체 성 문　벽

支佛 所不能及 佛說一解脫
지 불　소 불 능 급　불 설 일 해 탈

義 我等 亦得此法 到於涅
의　아 등　역 득 차 법　도 어 열

槃 而今不知 是義所趣 爾
반　이 금 부 지　시 의 소 취　이

時 舍利弗 知四衆心疑 自
시　사 리 불　지 사 중 심 의　자

亦未了 而白佛言 世尊 何
역 미 료　이 백 불 언　세 존　하

因何緣 慇懃稱歎 諸佛第一
인 하 연　은 근 칭 탄　제 불 제 일

方便 甚深微妙 難解之法
방 편　심 심 미 묘　난 해 지 법

我自昔來 未曾從佛 聞如是
아 자 석 래　미 증 종 불　문 여 시

說 今者四衆 咸皆有疑 唯
설 금 자 사 중 함 개 유 의 유

願世尊 敷演斯事 世尊何故
원 세 존 부 연 사 사 세 존 하 고

慇懃稱歎 甚深微妙 難解之
은 근 칭 탄 심 심 미 묘 난 해 지

法 爾時 舍利弗 欲重宣此
법 이 시 사 리 불 욕 중 선 차

義 而說偈言
의 이 설 게 언

慧日大聖尊 久乃說是法
혜 일 대 성 존 구 내 설 시 법

自說得如是 力無畏三昧
자 설 득 여 시 역 무 외 삼 매

禪定解脫等 不可思議法
선 정 해 탈 등 불 가 사 의 법

道場所得法 無能發問者
도 량 소 득 법 무 능 발 문 자

我意難可測 亦無能問者
아 의 난 가 측 역 무 능 문 자

無問而自說　稱歎所行道
무 문 이 자 설　칭 탄 소 행 도

智慧甚微妙　諸佛之所得
지 혜 심 미 묘　제 불 지 소 득

無漏諸羅漢　及求涅槃者
무 루 제 나 한　급 구 열 반 자

今皆墮疑網　佛何故說是
금 개 타 의 망　불 하 고 설 시

其求緣覺者　比丘比丘尼
기 구 연 각 자　비 구 비 구 니

諸天龍鬼神　及乾闥婆等
제 천 룡 귀 신　급 건 달 바 등

相視懷猶豫　瞻仰兩足尊
상 시 회 유 예　첨 앙 양 족 존

是事爲云何　願佛爲解說
시 사 위 운 하　원 불 위 해 설

於諸聲聞衆　佛說我第一
어 제 성 문 중　불 설 아 제 일

我今自於智　疑惑不能了
아 금 자 어 지　의 혹 불 능 료

爲是究竟法　爲是所行道
위 시 구 경 법　위 시 소 행 도

佛口所生子　合掌瞻仰待
불 구 소 생 자　합 장 첨 앙 대

願出微妙音　時爲如實說
원 출 미 묘 음　시 위 여 실 설

諸天龍神等　其數如恒沙
제 천 룡 신 등　기 수 여 항 사

求佛諸菩薩　大數有八萬
구 불 제 보 살　대 수 유 팔 만

又諸萬億國　轉輪聖王至
우 제 만 억 국　전 륜 성 왕 지

合掌以敬心　欲聞具足道
합 장 이 경 심　욕 문 구 족 도

爾時　佛告舍利弗　止止　不
이 시　불 고 사 리 불　지 지　불

須復說　若說是事　一切世間
수 부 설　약 설 시 사　일 체 세 간

諸天及人　皆當驚疑　舍利弗
제 천 급 인　개 당 경 의　사 리 불

重白佛言 世尊 唯願說之
중 백 불 언　세 존　유 원 설 지

唯願說之 所以者何 是會無
유 원 설 지　소 이 자 하　시 회 무

數 百千萬億 阿僧祇衆生
수　백 천 만 억　아 승 기 중 생

曾見諸佛 諸根猛利 智慧明
증 견 제 불　제 근 맹 리　지 혜 명

了 聞佛所說 則能敬信 爾
료　문 불 소 설　즉 능 경 신　이

時 舍利弗 欲重宣此義 而
시　사 리 불　욕 중 선 차 의　이

說偈言
설 게 언

法王無上尊 唯說願勿慮
법 왕 무 상 존　유 설 원 물 려

是會無量衆 有能敬信者
시 회 무 량 중　유 능 경 신 자

佛 復止 舍利弗 若說是事
불　부 지　사 리 불　약 설 시 사

一切世間 天人阿修羅 皆當
일 체 세 간 천 인 아 수 라 개 당

驚疑 增上慢比丘 將墜於大
경 의 증 상 만 비 구 장 추 어 대

坑 爾時 世尊 重說偈言
갱 이 시 세 존 중 설 게 언

止止不須說 我法妙難思
지 지 불 수 설 아 법 묘 난 사

諸增上慢者 聞必不敬信
제 증 상 만 자 문 필 불 경 신

爾時 舍利弗 重白佛言 世
이 시 사 리 불 중 백 불 언 세

尊 唯願說之 唯願說之 今
존 유 원 설 지 유 원 설 지 금

此會中 如我等比 百千萬億
차 회 중 여 아 등 비 백 천 만 억

世世已曾 從佛受化 如此人
세 세 이 증 종 불 수 화 여 차 인

等 必能敬信 長夜安隱 多
등 필 능 경 신 장 야 안 은 다

所饒益 爾時 舍利弗 欲重
소 요 익　이 시　사 리 불　욕 중

宣此義 而說偈言
선 차 의　이 설 게 언

無上兩足尊 願說第一法
무 상 양 족 존　원 설 제 일 법

我爲佛長子 唯垂分別說
아 위 불 장 자　유 수 분 별 설

是會無量衆 能敬信此法
시 회 무 량 중　능 경 신 차 법

佛已曾世世 教化如是等
불 이 증 세 세　교 화 여 시 등

皆一心合掌 欲聽受佛語
개 일 심 합 장　욕 청 수 불 어

我等千二百 及餘求佛者
아 등 천 이 백　급 여 구 불 자

願爲此衆故 唯垂分別說
원 위 차 중 고　유 수 분 별 설

是等聞此法 則生大歡喜
시 등 문 차 법　즉 생 대 환 희

爾時 世尊 告舍利弗 汝已
이 시 세 존 고 사 리 불 여 이

慇懃三請 豈得 不說 汝今
은 근 삼 청 기 득 불 설 여 금

諦聽 善思念之 吾當爲汝
제 청 선 사 념 지 오 당 위 여

分別解說 說此語時 會中
분 별 해 설 설 차 어 시 회 중

有 比丘比丘尼 優婆塞優婆
유 비 구 비 구 니 우 바 새 우 바

夷 五千人等 即從座起 禮
이 오 천 인 등 즉 종 좌 기 예

佛而退 所以者何 此輩 罪
불 이 퇴 소 이 자 하 차 배 죄

根深重及增上慢 未得 謂
근 심 중 급 증 상 만 미 득 위

得 未證謂證 有如此失 是
득 미 증 위 증 유 여 차 실 시

以不住 世尊默然 而不制止
이 부 주 세 존 묵 연 이 부 제 지

爾時 佛 告舍利弗 我今此
이 시 불 고 사 리 불 아 금 차

衆 無復枝葉 純有貞實 舍
중 무 부 지 엽 순 유 정 실 사

利弗 如是增上慢人 退亦佳
리 불 여 시 증 상 만 인 퇴 역 가

矣 汝今善聽 當爲汝說 舍
의 여 금 선 청 당 위 여 설 사

利弗言 唯然世尊 願樂欲聞
리 불 언 유 연 세 존 원 요 욕 문

佛告舍利弗 如是妙法 諸佛
불 고 사 리 불 여 시 묘 법 제 불

如來 時乃說之 如優曇鉢華
여 래 시 내 설 지 여 우 담 발 화

時一現耳 舍利弗 汝等 當
시 일 현 이 사 리 불 여 등 당

信佛之所說 言不虛妄 舍利
신 불 지 소 설 언 불 허 망 사 리

弗 諸佛隨宜說法 意趣難解
불 제 불 수 의 설 법 의 취 난 해

所以者何 我以無數方便 種
소 이 자 하 아 이 무 수 방 편 종

種因緣 譬喩言辭 演說諸法
종 인 연 비 유 언 사 연 설 제 법

是法 非思量分別 之所能解
시 법 비 사 량 분 별 지 소 능 해

唯有諸佛 乃能知之 所以者
유 유 제 불 내 능 지 지 소 이 자

何 諸佛世尊 唯以一大事因
하 제 불 세 존 유 이 일 대 사 인

緣故 出現於世 舍利弗 云
연 고 출 현 어 세 사 리 불 운

何名 諸佛世尊 唯以一大事
하 명 제 불 세 존 유 이 일 대 사

因緣故 出現於世 諸佛世尊
인 연 고 출 현 어 세 제 불 세 존

欲令衆生 開佛知見 使得淸
욕 령 중 생 개 불 지 견 사 득 청

淨故 出現於世 欲示衆生
정 고 출 현 어 세 욕 시 중 생

佛之知見故　出現於世　欲令
불　지　지　견　고　　출　현　어　세　욕　령

衆生　悟佛知見故　出現於世
중　생　　오　불　지　견　고　　출　현　어　세

欲令衆生　入佛知見道故　出
욕　령　중　생　　입　불　지　견　도　고　　출

現於世　舍利弗　是爲諸佛
현　어　세　　사　리　불　　시　위　제　불

以一大事因緣故　出現於世
이　일　대　사　인　연　고　　출　현　어　세

佛告舍利弗　諸佛如來　但教
불　고　사　리　불　　제　불　여　래　　단　교

化菩薩　諸有所作　常爲一事
화　보　살　　제　유　소　작　　상　위　일　사

唯以佛之知見　示悟衆生　舍
유　이　불　지　지　견　　시　오　중　생　　사

利弗　如來但以一佛乘故　爲
리　불　　여　래　단　이　일　불　승　고　　위

衆生說法　無有餘乘　若二若
중　생　설　법　　무　유　여　승　　약　이　약

三　舍利弗　一切十方諸佛
삼　사 리 불　일 체 시 방 제 불

法亦如是　舍利弗　過去諸
법 역 여 시　사 리 불　과 거 제

佛　以無量無數方便　種種因
불　이 무 량 무 수 방 편　종 종 인

緣　譬喩言辭　而爲眾生　演
연　비 유 언 사　이 위 중 생　연

說諸法　是法　皆爲一佛乘故
설 제 법　시 법　개 위 일 불 승 고

是諸眾生　從諸佛聞法　究竟
시 제 중 생　종 제 불 문 법　구 경

皆得　一切種智　舍利弗　未
개 득　일 체 종 지　사 리 불　미

來諸佛　當出於世　亦以無量
래 제 불　당 출 어 세　역 이 무 량

無數方便　種種因緣　譬喩言
무 수 방 편　종 종 인 연　비 유 언

辭　而爲眾生　演說諸法　是
사　이 위 중 생　연 설 제 법　시

法 皆爲一佛乘故 是諸衆生
법 개 위 일 불 승 고 시 제 중 생

從佛聞法 究竟皆得 一切種
종 불 문 법 구 경 개 득 일 체 종

智 舍利弗 現在十方 無量
지 사 리 불 현 재 시 방 무 량

百千萬億 佛土中 諸佛世尊
백 천 만 억 불 토 중 제 불 세 존

多所饒益 安樂衆生 是諸佛
다 소 요 익 안 락 중 생 시 제 불

亦以無量無數方便 種種因
역 이 무 량 무 수 방 편 종 종 인

緣 譬喩言辭 而爲衆生 演
연 비 유 언 사 이 위 중 생 연

說諸法 是法 皆爲一佛乘故
설 제 법 시 법 개 위 일 불 승 고

是諸衆生 從佛聞法 究竟皆
시 제 중 생 종 불 문 법 구 경 개

得 一切種智 舍利弗 是諸
득 일 체 종 지 사 리 불 시 제

佛 但敎化菩薩 欲以佛之知
불 단 교 화 보 살　욕 이 불 지 지

見 示衆生故 欲以佛之知見
견　시 중 생 고　욕 이 불 지 지 견

悟衆生故 欲令衆生 入佛之
오 중 생 고　욕 령 중 생　입 불 지

知見故 舍利弗 我今 亦復
지 견 고　사 리 불　아 금　역 부

如是 知諸衆生 有種種欲
여 시　지 제 중 생　유 종 종 욕

深心所著 隨其本性 以種種
심 심 소 착　수 기 본 성　이 종 종

因緣 譬喩言辭 方便力 而
인 연　비 유 언 사　방 편 력　이

爲說法 舍利弗 如此 皆爲
위 설 법　사 리 불　여 차　개 위

得一佛乘 一切種智故 舍利
득 일 불 승　일 체 종 지 고　사 리

弗 十方世界中 尚無二乘
불　시 방 세 계 중　상 무 이 승

何況有三 舍利弗 諸佛 出
하 황 유 삼　사 리 불　제 불　출

於五濁惡世 所謂劫濁 煩惱
어 오 탁 악 세　소 위 겁 탁　번 뇌

濁 眾生濁 見濁 命濁 如是
탁　중 생 탁　견 탁　명 탁　여 시

舍利弗 劫濁亂時 眾生垢重
사 리 불　겁 탁 난 시　중 생 구 중

慳貪嫉妬 成就諸不善根故
간 탐 질 투　성 취 제 불 선 근 고

諸佛 以方便力 於一佛乘
제 불　이 방 편 력　어 일 불 승

分別說三 舍利弗 若我弟子
분 별 설 삼　사 리 불　약 아 제 자

自謂阿羅漢 辟支佛者 不
자 위 아 라 한　벽 지 불 자　불

聞不知 諸佛如來 但教化菩
문 부 지　제 불 여 래　단 교 화 보

薩事 此非佛弟子 非阿羅漢
살 사　차 비 불 제 자　비 아 라 한

非辟支佛 又舍利弗 是諸比
비 벽 지 불　우 사 리 불　시 제 비

丘比丘尼 自謂已得 阿羅漢
구 비 구 니　자 위 이 득　아 라 한

是最後身 究竟涅槃 便不復
시 최 후 신　구 경 열 반　변 불 부

志 求阿耨多羅三藐三菩提
지 구 아 뇩 다 라 삼 먁 삼 보 리

當知此輩 皆是增上慢人 所
당 지 차 배　개 시 증 상 만 인　소

以者何 若有比丘 實得阿羅
이 자 하　약 유 비 구　실 득 아 라

漢 若不信此法 無有是處
한 약 불 신 차 법　무 유 시 처

除佛滅度後 現前無佛 所以
제 불 멸 도 후　현 전 무 불　소 이

者何 佛滅度後 如是等經
자 하　불 멸 도 후　여 시 등 경

受持讀誦 解義者 是人難得
수 지 독 송　해 의 자　시 인 난 득

若遇餘佛 於此法中 便得決
약 우 여 불　어 차 법 중　변 득 결

了 舍利弗 汝等 當一心信
료　사 리 불　여 등　당 일 심 신

解 受持佛語 諸佛如來 言
해　수 지 불 어　제 불 여 래　언

無虛妄 無有餘乘 唯一佛乘
무 허 망　무 유 여 승　유 일 불 승

爾時 世尊 欲重宣此義 而
이 시　세 존　욕 중 선 차 의　이

說偈言
설 게 언

比丘比丘尼 有懷增上慢
비 구 비 구 니　유 회 증 상 만

優婆塞我慢 優婆夷不信
우 바 새 아 만　우 바 이 불 신

如是四眾等 其數有五千
여 시 사 중 등　기 수 유 오 천

不自見其過 於戒有缺漏
부 자 견 기 과　어 계 유 결 루

護惜其瑕疵　是小智已出
호　석　기　하　자　시　소　지　이　출

衆中之糟糠　佛威德故去
중　중　지　조　강　불　위　덕　고　거

斯人尠福德　不堪受是法
사　인　선　복　덕　불　감　수　시　법

此衆無枝葉　唯有諸貞實
차　중　무　지　엽　유　유　제　정　실

舍利弗善聽　諸佛所得法
사　리　불　선　청　제　불　소　득　법

無量方便力　而爲衆生說
무　량　방　편　력　이　위　중　생　설

衆生心所念　種種所行道
중　생　심　소　념　종　종　소　행　도

若干諸欲性　先世善惡業
약　간　제　욕　성　선　세　선　악　업

佛悉知是已　以諸緣譬喩
불　실　지　시　이　이　제　연　비　유

言辭方便力　令一切歡喜
언　사　방　편　력　영　일　체　환　희

或說修多羅 伽陀及本事
혹 설 수 다 라　가 타 급 본 사

本生未曾有 亦說於因緣
본 생 미 증 유　역 설 어 인 연

譬喩幷祇夜 優波提舍經
비 유 병 기 야　우 바 제 사 경

鈍根樂小法 貪著於生死
둔 근 락 소 법　탐 착 어 생 사

於諸無量佛 不行深妙道
어 제 무 량 불　불 행 심 묘 도

衆苦所惱亂 爲是說涅槃
중 고 소 뇌 란　위 시 설 열 반

我設是方便 令得入佛慧
아 설 시 방 편　영 득 입 불 혜

未曾說汝等 當得成佛道
미 증 설 여 등　당 득 성 불 도

所以未曾說 說時未至故
소 이 미 증 설　설 시 미 지 고

今正是其時 決定說大乘
금 정 시 기 시　결 정 설 대 승

我此九部法　隨順衆生說
아 차 구 부 법　수 순 중 생 설

入大乘爲本　以故說是經
입 대 승 위 본　이 고 설 시 경

有佛子心淨　柔軟亦利根
유 불 자 심 정　유 연 역 이 근

無量諸佛所　而行深妙道
무 량 제 불 소　이 행 심 묘 도

爲此諸佛子　說是大乘經
위 차 제 불 자　설 시 대 승 경

我記如是人　來世成佛道
아 기 여 시 인　내 세 성 불 도

以深心念佛　修持淨戒故
이 심 심 염 불　수 지 정 계 고

此等聞得佛　大喜充遍身
차 등 문 득 불　대 희 충 변 신

佛知彼心行　故爲說大乘
불 지 피 심 행　고 위 설 대 승

聲聞若菩薩　聞我所說法
성 문 약 보 살　문 아 소 설 법

乃至於一偈　皆成佛無疑
내 지 어 일 게　개 성 불 무 의

十方佛土中　唯有一乘法
시 방 불 토 중　유 유 일 승 법

無二亦無三　除佛方便說
무 이 역 무 삼　제 불 방 편 설

但以假名字　引導於衆生
단 이 가 명 자　인 도 어 중 생

說佛智慧故　諸佛出於世
설 불 지 혜 고　제 불 출 어 세

唯此一事實　餘二則非眞
유 차 일 사 실　여 이 즉 비 진

終不以小乘　濟度於衆生
종 불 이 소 승　제 도 어 중 생

佛自住大乘　如其所得法
불 자 주 대 승　여 기 소 득 법

定慧力莊嚴　以此度衆生
정 혜 력 장 엄　이 차 도 중 생

自證無上道　大乘平等法
자 증 무 상 도　대 승 평 등 법

若以小乘化 乃至於一人
약 이 소 승 화　내 지 어 일 인

我則墮慳貪 此事爲不可
아 즉 타 간 탐　차 사 위 불 가

若人信歸佛 如來不欺誑
약 인 신 귀 불　여 래 불 기 광

亦無貪嫉意 斷諸法中惡
역 무 탐 질 의　단 제 법 중 악

故佛於十方 而獨無所畏
고 불 어 시 방　이 독 무 소 외

我以相嚴身 光明照世間
아 이 상 엄 신　광 명 조 세 간

無量衆所尊 爲說實相印
무 량 중 소 존　위 설 실 상 인

舍利弗當知 我本立誓願
사 리 불 당 지　아 본 입 서 원

欲令一切衆 如我等無異
욕 령 일 체 중　여 아 등 무 이

如我昔所願 今者已滿足
여 아 석 소 원　금 자 이 만 족

化一切衆生 皆令入佛道
화 일 체 중 생　개 령 입 불 도

若我遇衆生 盡教以佛道
약 아 우 중 생　진 교 이 불 도

無智者錯亂 迷惑不受教
무 지 자 착 란　미 혹 불 수 교

我知此衆生 未曾修善本
아 지 차 중 생　미 증 수 선 본

堅著於五欲 癡愛故生惱
견 착 어 오 욕　치 애 고 생 뇌

以諸欲因緣 墜墮三惡道
이 제 욕 인 연　추 타 삼 악 도

輪廻六趣中 備受諸苦毒
윤 회 육 취 중　비 수 제 고 독

受胎之微形 世世常增長
수 태 지 미 형　세 세 상 증 장

薄德少福人 衆苦所逼迫
박 덕 소 복 인　중 고 소 핍 박

入邪見稠林 若有若無等
입 사 견 조 림　약 유 약 무 등

依止此諸見　具足六十二
의　지　차　제　견　구　족　육　십　이

深著虛妄法　堅受不可捨
심　착　허　망　법　견　수　불　가　사

我慢自矜高　諂曲心不實
아　만　자　긍　고　첨　곡　심　부　실

於千萬億劫　不聞佛名字
어　천　만　억　겁　불　문　불　명　자

亦不聞正法　如是人難度
역　불　문　정　법　여　시　인　난　도

是故舍利弗　我爲設方便
시　고　사　리　불　아　위　설　방　편

說諸盡苦道　示之以涅槃
설　제　진　고　도　시　지　이　열　반

我雖說涅槃　是亦非眞滅
아　수　설　열　반　시　역　비　진　멸

諸法從本來　常自寂滅相
제　법　종　본　래　상　자　적　멸　상

佛子行道已　來世得作佛
불　자　행　도　이　내　세　득　작　불

我 有 方 便 力　開 示 三 乘 法
아 유 방 편 력　개 시 삼 승 법

一 切 諸 世 尊　皆 說 一 乘 道
일 체 제 세 존　개 설 일 승 도

今 此 諸 大 衆　皆 應 除 疑 惑
금 차 제 대 중　개 응 제 의 혹

諸 佛 語 無 異　唯 一 無 二 乘
제 불 어 무 이　유 일 무 이 승

過 去 無 數 劫　無 量 滅 度 佛
과 거 무 수 겁　무 량 멸 도 불

百 千 萬 億 種　其 數 不 可 量
백 천 만 억 종　기 수 불 가 량

如 是 諸 世 尊　種 種 緣 譬 喩
여 시 제 세 존　종 종 연 비 유

無 數 方 便 力　演 說 諸 法 相
무 수 방 편 력　연 설 제 법 상

是 諸 世 尊 等　皆 說 一 乘 法
시 제 세 존 등　개 설 일 승 법

化 無 量 衆 生　令 入 於 佛 道
화 무 량 중 생　영 입 어 불 도

又諸大聖主　知一切世間
우　제　대　성　주　　지　일　체　세　간

天人群生類　深心之所欲
천　인　군　생　류　　심　심　지　소　욕

更以異方便　助顯第一義
갱　이　이　방　편　　조　현　제　일　의

若有眾生類　值諸過去佛
약　유　중　생　류　　치　제　과　거　불

若聞法布施　或持戒忍辱
약　문　법　보　시　　혹　지　계　인　욕

精進禪智等　種種修福慧
정　진　선　지　등　　종　종　수　복　혜

如是諸人等　皆已成佛道
여　시　제　인　등　　개　이　성　불　도

諸佛滅度已　若人善軟心
제　불　멸　도　이　　약　인　선　연　심

如是諸眾生　皆已成佛道
여　시　제　중　생　　개　이　성　불　도

諸佛滅度已　供養舍利者
제　불　멸　도　이　　공　양　사　리　자

起萬億種塔 기 만 억 종 탑
金銀及玻瓈 금 은 급 파 려

硨磲與瑪瑙 자 거 여 마 노
玫瑰琉璃珠 매 괴 유 리 주

清淨廣嚴飾 청 정 광 엄 식
莊校於諸塔 장 교 어 제 탑

或有起石廟 혹 유 기 석 묘
栴檀及沈水 전 단 급 침 수

木櫁幷餘材 목 밀 병 여 재
塼瓦泥土等 전 와 니 토 등

若於曠野中 약 어 광 야 중
積土成佛廟 적 토 성 불 묘

乃至童子戲 내 지 동 자 희
聚沙爲佛塔 취 사 위 불 탑

如是諸人等 여 시 제 인 등
皆已成佛道 개 이 성 불 도

若人爲佛故 약 인 위 불 고
建立諸形像 건 립 제 형 상

刻彫成衆相 각 조 성 중 상
皆已成佛道 개 이 성 불 도

或以七寶成　鍮鉐赤白銅
혹 이 칠 보 성　유 석 적 백 동

白鑞及鉛錫　鐵木及與泥
백 랍 급 연 석　철 목 급 여 니

或以膠漆布　嚴飾作佛像
혹 이 교 칠 포　엄 식 작 불 상

如是諸人等　皆已成佛道
여 시 제 인 등　개 이 성 불 도

彩畫作佛像　百福莊嚴相
채 화 작 불 상　백 복 장 엄 상

自作若使人　皆已成佛道
자 작 약 사 인　개 이 성 불 도

乃至童子戲　若草木及筆
내 지 동 자 희　약 초 목 급 필

或以指爪甲　而畫作佛像
혹 이 지 조 갑　이 화 작 불 상

如是諸人等　漸漸積功德
여 시 제 인 등　점 점 적 공 덕

具足大悲心　皆已成佛道
구 족 대 비 심　개 이 성 불 도

但化諸菩薩　度脫無量衆
단　화　제　보　살　　도　탈　무　량　중

若人於塔廟　寶像及畫像
약　인　어　탑　묘　　보　상　급　화　상

以華香幡蓋　敬心而供養
이　화　향　번　개　　경　심　이　공　양

若使人作樂　擊鼓吹角貝
약　사　인　작　악　　격　고　취　각　패

簫笛琴箜篌　琵琶鐃銅鈸
소　적　금　공　후　　비　파　요　동　발

如是衆妙音　盡持以供養
여　시　중　묘　음　　진　지　이　공　양

或以歡喜心　歌唄頌佛德
혹　이　환　희　심　　가　패　송　불　덕

乃至一小音　皆已成佛道
내　지　일　소　음　　개　이　성　불　도

若人散亂心　乃至以一華
약　인　산　란　심　　내　지　이　일　화

供養於畫像　漸見無數佛
공　양　어　화　상　　점　견　무　수　불

或有人禮拜　或復但合掌
혹 유 인 예 배　혹 부 단 합 장

乃至擧一手　或復小低頭
내 지 거 일 수　혹 부 소 저 두

以此供養像　漸見無量佛
이 차 공 양 상　점 견 무 량 불

自成無上道　廣度無數衆
자 성 무 상 도　광 도 무 수 중

入無餘涅槃　如薪盡火滅
입 무 여 열 반　여 신 진 화 멸

若人散亂心　入於塔廟中
약 인 산 란 심　입 어 탑 묘 중

一稱南無佛　皆已成佛道
일 칭 나 무 불　개 이 성 불 도

於諸過去佛　在世或滅後
어 제 과 거 불　재 세 혹 멸 후

若有聞是法　皆已成佛道
약 유 문 시 법　개 이 성 불 도

未來諸世尊　其數無有量
미 래 제 세 존　기 수 무 유 량

是 諸 如 來 等　亦 方 便 說 法
시 제 여 래 등　역 방 편 설 법

一 切 諸 如 來　以 無 量 方 便
일 체 제 여 래　이 무 량 방 편

度 脫 諸 衆 生　入 佛 無 漏 智
도 탈 제 중 생　입 불 무 루 지

若 有 聞 法 者　無 一 不 成 佛
약 유 문 법 자　무 일 불 성 불

諸 佛 本 誓 願　我 所 行 佛 道
제 불 본 서 원　아 소 행 불 도

普 欲 令 衆 生　亦 同 得 此 道
보 욕 령 중 생　역 동 득 차 도

未 來 世 諸 佛　雖 說 百 千 億
미 래 세 제 불　수 설 백 천 억

無 數 諸 法 門　其 實 爲 一 乘
무 수 제 법 문　기 실 위 일 승

諸 佛 兩 足 尊　知 法 常 無 性
제 불 양 족 존　지 법 상 무 성

佛 種 從 緣 起　是 故 說 一 乘
불 종 종 연 기　시 고 설 일 승

是法住法位　世間相常住
시 법 주 법 위　세 간 상 상 주

於道場知已　導師方便說
어 도 량 지 이　도 사 방 편 설

天人所供養　現在十方佛
천 인 소 공 양　현 재 시 방 불

其數如恒沙　出現於世間
기 수 여 항 사　출 현 어 세 간

安隱衆生故　亦說如是法
안 은 중 생 고　역 설 여 시 법

知第一寂滅　以方便力故
지 제 일 적 멸　이 방 편 력 고

雖示種種道　其實爲佛乘
수 시 종 종 도　기 실 위 불 승

知衆生諸行　深心之所念
지 중 생 제 행　심 심 지 소 념

過去所習業　欲性精進力
과 거 소 습 업　욕 성 정 진 력

及諸根利鈍　以種種因緣
급 제 근 이 둔　이 종 종 인 연

譬喻亦言辭　隨應方便說
비 유 역 언 사　수 응 방 편 설

今我亦如是　安隱衆生故
금 아 역 여 시　안 은 중 생 고

以種種法門　宣示於佛道
이 종 종 법 문　선 시 어 불 도

我以智慧力　知衆生性欲
아 이 지 혜 력　지 중 생 성 욕

方便說諸法　皆令得歡喜
방 편 설 제 법　개 령 득 환 희

舍利弗當知　我以佛眼觀
사 리 불 당 지　아 이 불 안 관

見六道衆生　貧窮無福慧
견 육 도 중 생　빈 궁 무 복 혜

入生死嶮道　相續苦不斷
입 생 사 험 도　상 속 고 부 단

深著於五欲　如犛牛愛尾
심 착 어 오 욕　여 모 우 애 미

以貪愛自蔽　盲瞑無所見
이 탐 애 자 폐　맹 명 무 소 견

不求大勢佛　及與斷苦法
불　구　대　세　불　　급　여　단　고　법

深入諸邪見　以苦欲捨苦
심　입　제　사　견　　이　고　욕　사　고

爲是衆生故　而起大悲心
위　시　중　생　고　　이　기　대　비　심

我始坐道場　觀樹亦經行
아　시　좌　도　량　　관　수　역　경　행

於三七日中　思惟如是事
어　삼　칠　일　중　　사　유　여　시　사

我所得智慧　微妙最第一
아　소　득　지　혜　　미　묘　최　제　일

衆生諸根鈍　著樂癡所盲
중　생　제　근　둔　　착　락　치　소　맹

如斯之等類　云何而可度
여　사　지　등　류　　운　하　이　가　도

爾時諸梵王　及諸天帝釋
이　시　제　범　왕　　급　제　천　제　석

護世四天王　及大自在天
호　세　사　천　왕　　급　대　자　재　천

幷 餘 諸 天 衆　眷 屬 百 千 萬
병 여 제 천 중　권 속 백 천 만

恭 敬 合 掌 禮　請 我 轉 法 輪
공 경 합 장 례　청 아 전 법 륜

我 卽 自 思 惟　若 但 讚 佛 乘
아 즉 자 사 유　약 단 찬 불 승

衆 生 沒 在 苦　不 能 信 是 法
중 생 몰 재 고　불 능 신 시 법

破 法 不 信 故　墜 於 三 惡 道
파 법 불 신 고　추 어 삼 악 도

我 寧 不 說 法　疾 入 於 涅 槃
아 녕 불 설 법　질 입 어 열 반

尋 念 過 去 佛　所 行 方 便 力
심 념 과 거 불　소 행 방 편 력

我 今 所 得 道　亦 應 說 三 乘
아 금 소 득 도　역 응 설 삼 승

作 是 思 惟 時　十 方 佛 皆 現
작 시 사 유 시　시 방 불 개 현

梵 音 慰 喩 我　善 哉 釋 迦 文
범 음 위 유 아　선 재 석 가 문

第一之導師　得是無上法
제 일 지 도 사　득 시 무 상 법

隨諸一切佛　而用方便力
수 제 일 체 불　이 용 방 편 력

我等亦皆得　最妙第一法
아 등 역 개 득　최 묘 제 일 법

爲諸衆生類　分別說三乘
위 제 중 생 류　분 별 설 삼 승

少智樂小法　不自信作佛
소 지 락 소 법　부 자 신 작 불

是故以方便　分別說諸果
시 고 이 방 편　분 별 설 제 과

雖復說三乘　但爲敎菩薩
수 부 설 삼 승　단 위 교 보 살

舍利弗當知　我聞聖師子
사 리 불 당 지　아 문 성 사 자

深淨微妙音　喜稱南無佛
심 정 미 묘 음　회 칭 나 무 불

復作如是念　我出濁惡世
부 작 여 시 념　아 출 탁 악 세

如 諸 佛 所 說　　我 亦 隨 順 行
여 제 불 소 설　　아 역 수 순 행

思 惟 是 事 已　　卽 趣 波 羅 柰
사 유 시 사 이　　즉 취 바 라 나

諸 法 寂 滅 相　　不 可 以 言 宣
제 법 적 멸 상　　불 가 이 언 선

以 方 便 力 故　　爲 五 比 丘 說
이 방 편 력 고　　위 오 비 구 설

是 名 轉 法 輪　　便 有 涅 槃 音
시 명 전 법 륜　　변 유 열 반 음

及 以 阿 羅 漢　　法 僧 差 別 名
급 이 아 라 한　　법 승 차 별 명

從 久 遠 劫 來　　讚 示 涅 槃 法
종 구 원 겁 래　　찬 시 열 반 법

生 死 苦 永 盡　　我 常 如 是 說
생 사 고 영 진　　아 상 여 시 설

舍 利 弗 當 知　　我 見 佛 子 等
사 리 불 당 지　　아 견 불 자 등

志 求 佛 道 者　　無 量 千 萬 億
지 구 불 도 자　　무 량 천 만 억

咸以恭敬心 皆來至佛所
함 이 공 경 심　개 래 지 불 소

曾從諸佛聞 方便所說法
증 종 제 불 문　방 편 소 설 법

我卽作是念 如來所以出
아 즉 작 시 념　여 래 소 이 출

爲說佛慧故 今正是其時
위 설 불 혜 고　금 정 시 기 시

舍利弗當知 鈍根小智人
사 리 불 당 지　둔 근 소 지 인

著相憍慢者 不能信是法
착 상 교 만 자　불 능 신 시 법

今我喜無畏 於諸菩薩中
금 아 희 무 외　어 제 보 살 중

正直捨方便 但說無上道
정 직 사 방 편　단 설 무 상 도

菩薩聞是法 疑網皆已除
보 살 문 시 법　의 망 개 이 제

千二百羅漢 悉亦當作佛
천 이 백 나 한　실 역 당 작 불

如三世諸佛　說法之儀式
여 삼 세 제 불　설 법 지 의 식

我今亦如是　說無分別法
아 금 역 여 시　설 무 분 별 법

諸佛興出世　懸遠値遇難
제 불 흥 출 세　현 원 치 우 난

正使出于世　說是法復難
정 사 출 우 세　설 시 법 부 난

無量無數劫　聞是法亦難
무 량 무 수 겁　문 시 법 역 난

能聽是法者　斯人亦復難
능 청 시 법 자　사 인 역 부 난

譬如優曇華　一切皆愛樂
비 여 우 담 화　일 체 개 애 락

天人所希有　時時乃一出
천 인 소 희 유　시 시 내 일 출

聞法歡喜讚　乃至發一言
문 법 환 희 찬　내 지 발 일 언

則爲已供養　一切三世佛
즉 위 이 공 양　일 체 삼 세 불

是人甚希有　過於優曇華
시 인 심 희 유　과 어 우 담 화

汝等勿有疑　我爲諸法王
여 등 물 유 의　아 위 제 법 왕

普告諸大衆　但以一乘道
보 고 제 대 중　단 이 일 승 도

教化諸菩薩　無聲聞弟子
교 화 제 보 살　무 성 문 제 자

汝等舍利弗　聲聞及菩薩
여 등 사 리 불　성 문 급 보 살

當知是妙法　諸佛之秘要
당 지 시 묘 법　제 불 지 비 요

以五濁惡世　但樂著諸欲
이 오 탁 악 세　단 락 착 제 욕

如是等衆生　終不求佛道
여 시 등 중 생　종 불 구 불 도

當來世惡人　聞佛說一乘
당 래 세 악 인　문 불 설 일 승

迷惑不信受　破法墮惡道
미 혹 불 신 수　파 법 타 악 도

有慚愧淸淨 志求佛道者
유 참 괴 청 정　지 구 불 도 자

當爲如是等 廣讚一乘道
당 위 여 시 등　광 찬 일 승 도

舍利弗當知 諸佛法如是
사 리 불 당 지　제 불 법 여 시

以萬億方便 隨宜而說法
이 만 억 방 편　수 의 이 설 법

其不習學者 不能曉了此
기 불 습 학 자　불 능 효 료 차

汝等旣已知 諸佛世之師
여 등 기 이 지　제 불 세 지 사

隨宜方便事 無復諸疑惑
수 의 방 편 사　무 부 제 의 혹

心生大歡喜 自知當作佛
심 생 대 환 희　자 지 당 작 불

사경 끝난 날 : 불기   년   월   일

_____ 두손 모음

한문 법화경 사경 1

발행일 2024년 7월 18일
펴낸이 김시열
펴낸곳 도서출판 운주사

(02832) 서울시 성북구 동소문로 67-1 성심빌딩 3층

전화 (02) 926-8361 | 팩스 (0505) 115-8361

ISBN 978-89-5746-795-4 03220   값 6,000원

http://cafe.daum.net/unjubooks (다음 카페: 도서출판 운주사)